Der Spiel- und Spaßbär   Lesen, Spielen, Basteln

Juliane Bonin

Tolle Tips zum Basteln aus der Krimskrams-Kiste

Mit bunten Bildern von Angela Weinhold

BENZIGER
EDITION

Die Deutsche Bibliothek – CIP-Einheitsaufnahme

Tolle Tips zum Basteln aus der Krimskrams-Kiste / Juliane Bonin.
Mit bunten Bildern von Angela Weinhold.
- 1. Aufl. - Würzburg: Benziger Edition im Arena Verlag, 1994
(Der Spiel- und Spaßbär)
ISBN 3-401-07141-6
NE: Bonin, Juliane; Weinhold, Angela

1. Auflage 1994
© Benziger Edition im Arena Verlag GmbH, Würzburg 1994
Einband und Illustrationen: Angela Weinhold
Gesamtherstellung: Chemnitzer Verlag und Druck GmbH,
Werk Zwickau
ISBN 3-401-07141-6

Inhalt

Halt,
nicht wegwerfen! 4

Der
Puzzle-Rahmen 5

Das
Erbsenmonster 6

Die
dicke Emma 8

Kleine
Unterwasserwelt 10

Ein Reisepaß
für Kuscheltiere 12

Das
Konfettimosaik 14

Spaß
aus Schachteln 16

Die
Rätselkiste 18

Tischtennis
für Solisten 20

Die
Regenbogen-
schnecke 22

Ein
Fläschchen
bunter Sand 24

Die
Überraschungskette
zum Geburtstag 26

In der
Geschenkpapier-
druckerei 28

Die
Kullerbahn 30

Fliegende
Untertassen 32

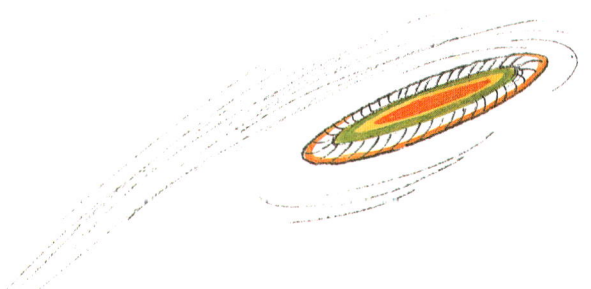

Halt, nicht wegwerfen!

Wenn du gerne bastelst, dann solltest du dir eine Kiste bereitstellen, in der du alle möglichen Sachen sammelst, die sonst in die Mülltonne wandern würden. Auch wenn du im Moment noch gar nicht weißt, was du mit diesem Stück Schnur oder mit jenem Stoffrest anfangen kannst – irgendwann brauchst du es bestimmt.

Geschenkpapier
Schnur
Geschenkbänder
Äste
Blätter
Papprollen
Papiertüten
Gläser mit Schraubdeckel
kleine und große Flaschen
alte Zeitungen, Prospekte, Illustrierte
Steine

Du wirst staunen, was du alles basteln kannst: tolle Dinge, die sich sogar zum Spielen eignen. Also dann, los!

Der Puzzle-Rahmen

Du brauchst:
- ☞ ein Foto oder ein selbstgemaltes Bild
- ☞ ein Stück Pappe
- ☞ viele Puzzleteilchen
- ☞ Kleber

Klebe das Foto oder das Bild auf die Pappunterlage . . .

. . . und die Puzzleteile so um das Bild herum, daß nichts mehr von der Pappunterlage zu sehen ist.

Wenn du die Puzzleteile auch ab und zu an den Rändern übereinanderklebst, sieht das ganz toll aus.

Das Erbsenmonster

Du brauchst:
- ☞ eine Packung Erbsen
- ☞ eine Schachtel Zahnstocher
- ☞ Wasser
- ☞ eine Schüssel

Fülle so viel Wasser
in die Schüssel, daß die
Erbsen gut bedeckt sind.

Nach ein paar Stunden sind die
Erbsen aufgequollen, und der
Bastelspaß kann beginnen.

Nimm einen Zahnstocher, und piekse auf jedes Ende eine Erbse.

Nun kannst du Türme und Brücken und Häuser bauen – oder dein Erbsenmonster in alle Richtungen wachsen lassen.

Die dicke Emma

Du brauchst:
- ☞ einen kugeligen Stein, möglichst mit flacher Unterseite
- ☞ buntes Plastilin
- ☞ Tonpapier
- ☞ Kleber
- ☞ schwarzen Filzstift

Die Kugeln werden auf Emmas Körper plattgedrückt.
Schneide aus dem Tonpapier zwei Beinpaare,
ein spitzes Schwänzchen und einen Schildkrötenkopf aus.

Damit aus einem einfachen Stein ein schöner Schildkröten-panzer wird, rollst du zuerst aus verschiedenfarbigem Plastilin kleine Kügelchen.

Mit dem Filzstift zeichnest du Nase, Augen und Krallen auf.
Die Tonpapierglieder werden von unten an den Schildkröten-panzer geklebt. Fertig!

Für Emmas Freigehege brauchst du noch:
- ☞ vier Blatt braunes Tonpapier oder normales Schreibmaschinenpapier
- ☞ ein Salatblatt, Moos, Steinchen
- ☞ eine Schere

Schneide alle vier Blätter der Länge nach einmal durch, so daß du acht Papierstreifen erhältst.

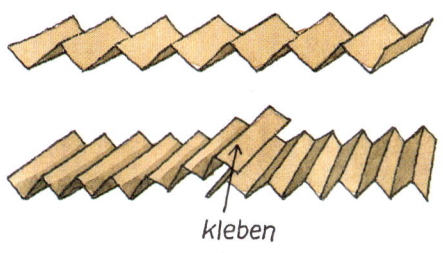

kleben

Jetzt kannst du das Freigehege noch mit Steinchen und Moospolstern einrichten und die dicke Emma mit einem Salatblatt »füttern«.

Falte alle Papierstreifen ziehharmonikaartig, und klebe die Streifen so aneinander, daß ein viereckiger Zaun entsteht.

Kleine Unterwasserwelt

Du brauchst:
- ☞ eine Schachtel mit Deckel (z.B. Schuhkarton)
- ☞ Buntpapier oder Reste von Geschenkpapier
- ☞ einen Stift
- ☞ eine Schere
- ☞ Kleber
- ☞ Muscheln und Steinchen
- ☞ Nähfaden
- ☞ Klebeband

Schneide die Vorderseite des Kartons so aus, daß ein etwa daumendicker Rand stehenbleibt.

Male den Karton innen mit blauer Farbe an.

Zeichne auf das Buntpapier oder auf das Geschenkpapier lustige Fische, und schneide sie aus.

Die Fische werden mit Fäden und Klebeband im Deckelinneren befestigt.

Schneide Pflanzen aus grünem Papier aus.
Knicke von jeder Pflanze einen Steg nach hinten, und klebe ihn auf dem Kartonboden fest.
Zum Schluß Steinchen und Muscheln auf dem Aquariumboden verteilen.

Ein Reisepaß für Kuscheltiere

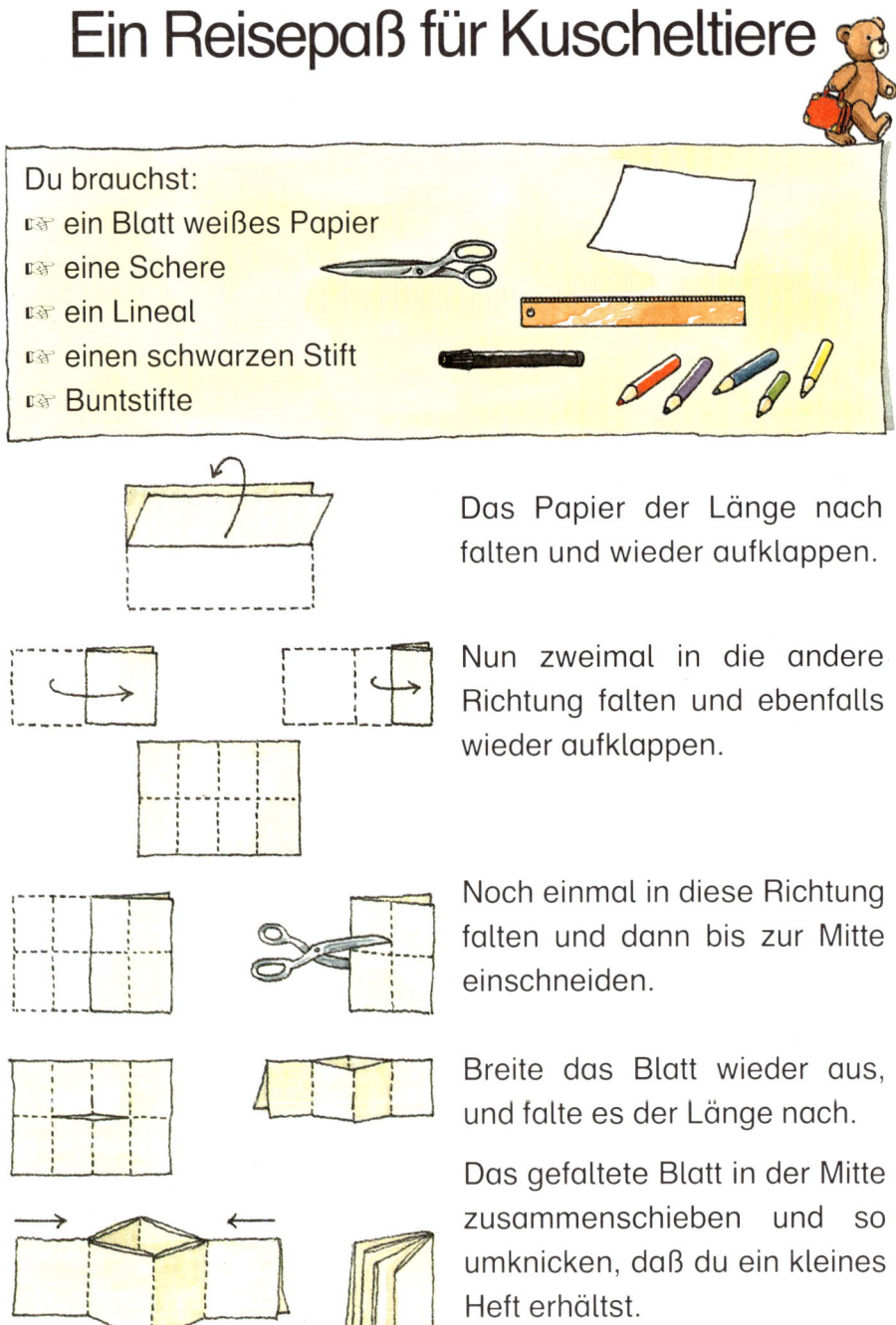

Du brauchst:

☞ ein Blatt weißes Papier
☞ eine Schere
☞ ein Lineal
☞ einen schwarzen Stift
☞ Buntstifte

Das Papier der Länge nach falten und wieder aufklappen.

Nun zweimal in die andere Richtung falten und ebenfalls wieder aufklappen.

Noch einmal in diese Richtung falten und dann bis zur Mitte einschneiden.

Breite das Blatt wieder aus, und falte es der Länge nach.

Das gefaltete Blatt in der Mitte zusammenschieben und so umknicken, daß du ein kleines Heft erhältst.

Jetzt kannst du den Reisepaß ausfüllen:

Auf dem obersten Blatt muß natürlich zuerst ein Bild vom Paßinhaber gemalt werden.

Name : _Teddy_

geboren am : _____

geboren in : _____

Postleitzahl : _____

Wohnort : _____

Straße : _____

Beruf : _____

Auf den nächsten Seiten ziehst du mit schwarzem Stift und Lineal gepunktete Zeilen. Fülle dann den Paß mit einem andersfarbigen Stift aus.
Du kannst den Namen, das Geburtsdatum, den Wohnort und den Beruf deines Kuscheltiers eintragen.
Auf der letzten Seite ist Platz für Stempel. Ob du dich traust und deinen selbstgebastelten Reisepaß wirklich dem Zollbeamten zeigst?

Platz für Stempel

Vielleicht bekommt dann dein Kuscheltier auch echte Stempel in seinen Paß. Wenn nicht, kannst du ja selbst welche zeichnen.

Das Konfettimosaik

Du brauchst:
- ☞ einen dünnen Klebestift
- ☞ einen Bleistift
- ☞ eine Schale
- ☞ ein großes Zeichenblatt
- ☞ Reste von buntem Papier oder illustrierte Zeitschriften
- ☞ einen Locher

Zuerst brauchst du eine Menge buntes Konfetti. Du kannst es mit dem Locher selbst leicht herstellen.

Leere das »Konfetti«-Fach des Lochers ab und zu aus, und schütte das Konfetti in die Schale.

Zeichne mit Bleistift ein Bild auf das Zeichenpapier. Es sollte aber nicht zu viele Einzelheiten haben. Ziehe nun mit dem Klebestift die Bleistiftlinien nach.

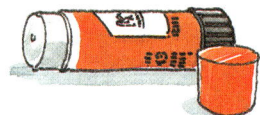

Verteile das Konfetti über das ganze Bild, und drücke es mit den Händen fest. Das Konfetti bleibt nur auf den Klebeflächen haften.

Nimm das Bild jetzt vorsichtig hoch, und schüttle das lockere Konfetti in die Schale zurück.

TIP:
Das übriggebliebene Konfetti zum Beispiel in einem Schraubglas für das nächste Mal aufheben!

Spaß aus Schachteln

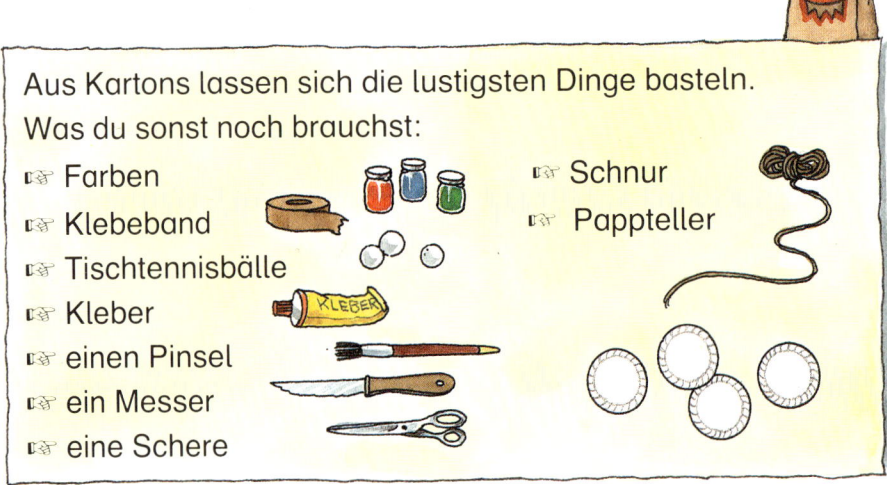

Aus Kartons lassen sich die lustigsten Dinge basteln.
Was du sonst noch brauchst:

☞ Farben
☞ Klebeband
☞ Tischtennisbälle
☞ Kleber
☞ einen Pinsel
☞ ein Messer
☞ eine Schere

☞ Schnur
☞ Pappteller

Puppenwagen

An einer Kartonseite vorsichtig ein Loch bohren und eine Schnur befestigen.

Kartontunnel

Die Kartonlaschen mit breitem Klebeband aneinanderkleben.

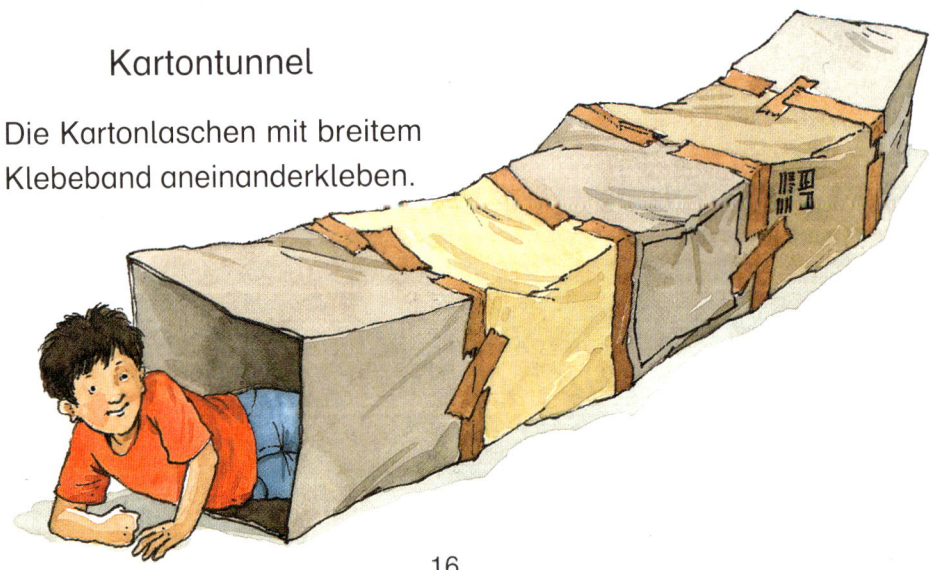

Kartonhaus

Große Kartons werden wie Bausteine zu einem lustigen Haus zusammengestellt. Als Dach dient eine Decke.

Schachtelmaske

Schneide Augen, Nase und Mund in einen Karton, und male die Maske an.

Auto

Befestige Joghurtbecher an den Schmalseiten des Kartons. Pappteller werden als Räder angeklebt. Nun kannst du deinen Flitzer noch bemalen.

Die Rätselkiste

Du brauchst:
- ☞ eine Schachtel mit Deckel (z.B. Schuhkarton)
- ☞ ein Stück Stoff
- ☞ eine Schere
- ☞ einen Stift
- ☞ Klebeband
- ☞ ein Messer

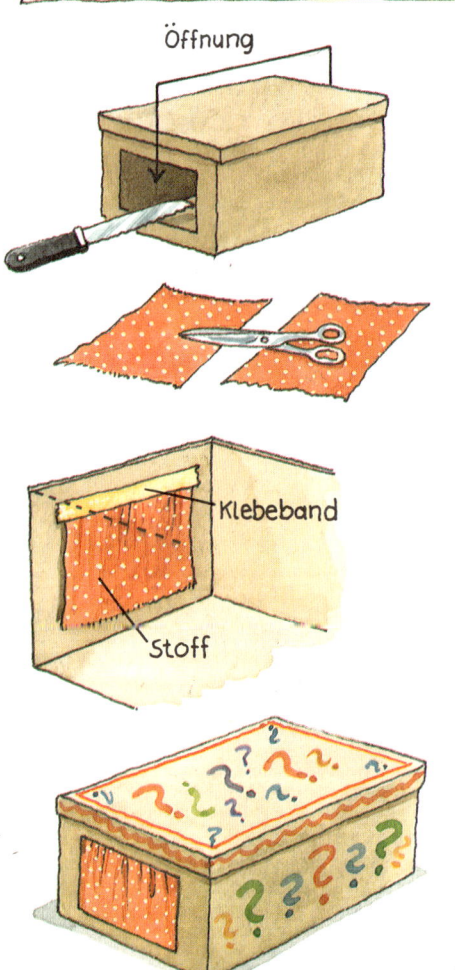

Öffnung

Klebeband

Stoff

Zeichne auf die Schmalseiten der Schachtel jeweils ein Fenster auf, das so groß ist, daß du deine Hand hindurchstecken kannst.

Vorsicht mit dem Messer, daß du dich nicht schneidest. Laß dir von einem Erwachsenen helfen!

Schneide den Stoff in zwei gleich große Stücke. Beachte: Die Stücke müssen größer sein als die Fenster.

Jetzt kannst du die Rätselkiste noch bunt bemalen oder bekleben.

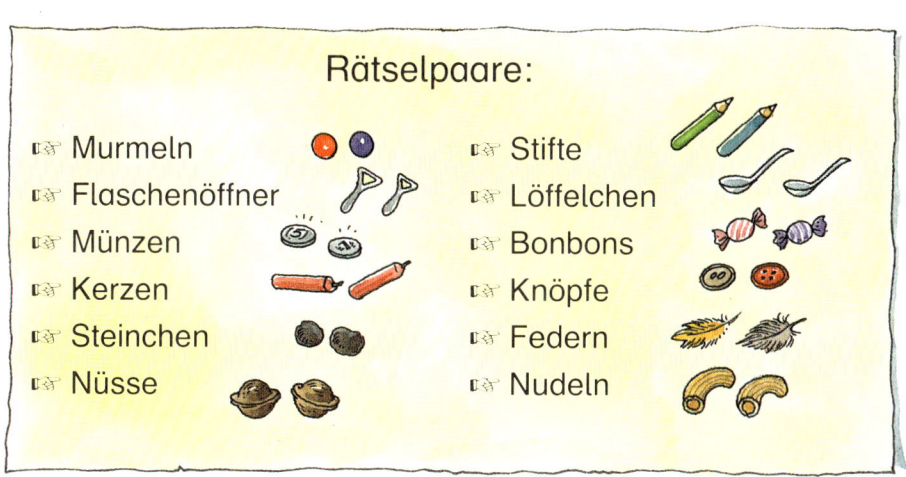

Rätselpaare:

☞ Murmeln
☞ Flaschenöffner
☞ Münzen
☞ Kerzen
☞ Steinchen
☞ Nüsse

☞ Stifte
☞ Löffelchen
☞ Bonbons
☞ Knöpfe
☞ Federn
☞ Nudeln

So kannst du spielen:

Lege alle Rätselpaare in den Karton, und setze den Deckel darauf. Schüttle den Karton ein bißchen, so daß die Dinge durcheinanderfallen.
Stecke nun beide Hände in die Rätselkiste, und taste die Dinge ab. Hast du in jeder Hand einen Teil eines Paares, darfst du die beiden Teile heraus- holen und ablegen. Jetzt kannst du weitertasten, bis die Rätselkiste leer ist.

Tischtennis für Solisten

Du brauchst:
- ☞ ein Stück stabilen Pappkarton
- ☞ einen Streifen dicke Pappe
- ☞ eine Pappröhre, z.B. von einer Küchenrolle
- ☞ grüne Farbe
- ☞ einen Pinsel
- ☞ eine Schere
- ☞ einen Tischtennisball

Male eine Seite des Kartons, die Pappröhre und den Streifen grün an.

Schneide die Pappröhre rundherum an einer Seite ein, und klebe sie in die Mitte der unbemalten Kartonfläche.

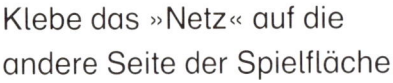

Klebe das »Netz« auf die andere Seite der Spielfläche.

Jetzt bewege das Spielfeld so, daß der Tischtennisball immer abwechselnd auf einer Seite des Netzes aufkommt.

TIP:
Eingedellte Tischtennisbälle werden wieder heil, wenn man sie in heißes Wasser legt. Die Luft im Ballinneren erwärmt sich, dehnt sich aus und glättet die Dellen!

Die Regenbogenschnecke

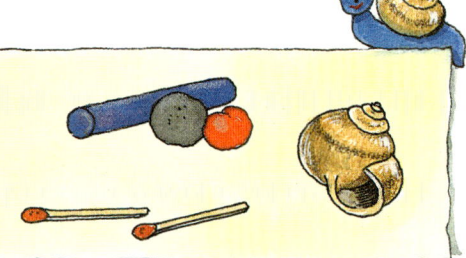

Du brauchst:
- ☞ bunte Reste von Plastilin
- ☞ ein leeres Schneckenhaus
- ☞ zwei Streichhölzer

Wasche das Schneckenhaus gründlich mit lauwarmem Wasser, und trockne es ab.

Rolle ein Stück Plastilin der gleichen Farbe zu einer Kugel. Aus ihr entsteht der Kopf der Schnecke.

Rolle ein Stück Plastilin zu einer dicken Wurst. Das ist der Schneckenkörper. Er sollte so groß sein, daß er gut zu dem Schneckenhaus paßt, das du dir ausgesucht hast.

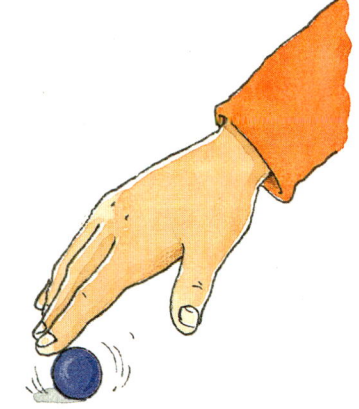

Das »Gesicht« kannst du mit schwarzen Plastilinkrümeln gestalten. Winzige Kugeln in einer anderen Farbe werden zu Schneckenaugen und Nase, und eine kleine Wurst wird als Mund auf den Schneckenkopf gedrückt.

So, jetzt ist die Regenbogenschnecke startklar für einen Besuch auf dem Blumentopf oder auf einer Rosenkugel im Garten.

Die beiden Streichhölzer steckst du als Schneckenfühler in den Kopf. Vielleicht mußt du sie ein bißchen kürzen.

Ein Fläschchen bunter Sand

Du brauchst:

☞ trockenen Sand
☞ mehrere leere Joghurtbecher
☞ einen Farbkasten
☞ einen Löffel

☞ Wasser
☞ einen Pinsel

Gib in jeden Joghurtbecher drei
Eßlöffel Wasser.

Mit dem Pinsel holst du Farbe
aus dem Farbkasten und gibst
so viel in das Wasser, bis es
sich in den gewünschten Farb-
ton verfärbt. Auf diese Weise
kannst du verschiedenfarbiges
Wasser zubereiten.

Gib nun in die Becher
so viel Sand, daß jeder etwa
halbvoll ist. Gut umrühren,
damit der Sand gleichmäßig
eingefärbt wird.

- Pappteller
- Kleber
- einen Teelöffel
- viele kleine Gläschen und Fläschchen mit Deckel,
  z.B. von Kapern, Oliven,
  Füllerpatronen usw.

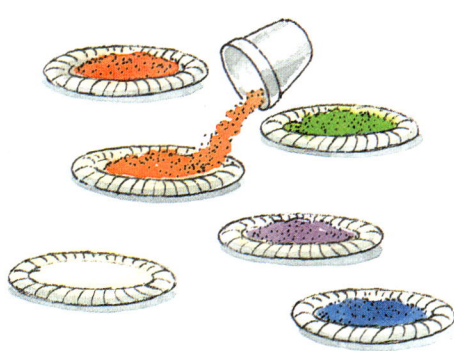

Jetzt kannst du die Gläser schichtenweise mit buntem Sand füllen.

Der Deckel muß sehr gut schließen. Eventuell klebst du ihn mit flüssigem Klebstoff fest.

Schütte jede Sandportion auf einen eigenen Pappteller. Stelle die Teller an einer windgeschützten Stelle in die Sonne, damit der Sand gut trocknen kann. Das dauert etwa zwei Tage.

TIP:
So ein Fläschchen mit buntem Sand sieht sehr hübsch aus und eignet sich auch als Geschenk.

Die Überraschungskette
zum Geburtstag

Du brauchst:
- ☞ mehrere Papprollen, z.B. von Toilettenpapier
- ☞ Reste von Geschenkpapier
- ☞ Kleber
- ☞ eine Schere
- ☞ Geschenkband
- ☞ kleine Überraschungen, z.B. Bonbons

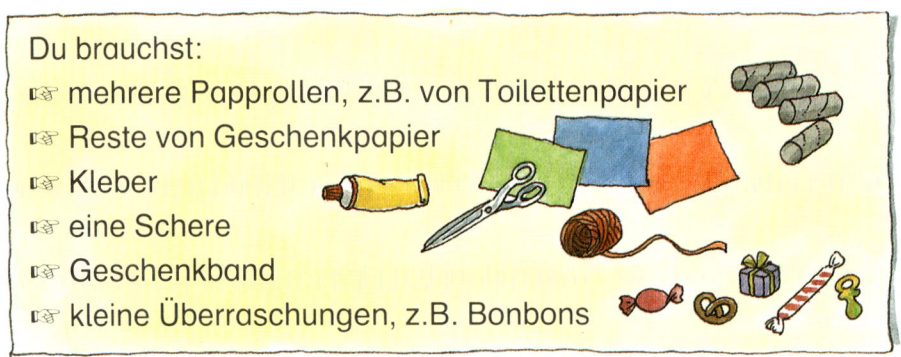

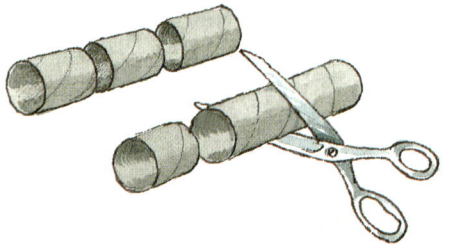

Schneide jede Papprolle zwei-mal durch, so daß jeweils drei Stücke entstehen.
Umklebe jedes Pappstück mit Geschenkpapier.

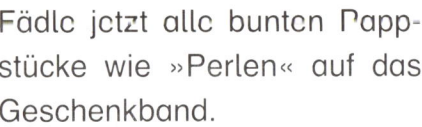

Fädle jetzt alle bunten Papp-stücke wie »Perlen« auf das Geschenkband.
Verknote die Enden, damit die Kette geschlossen ist.

Kleine Geschenkpäckchen,
Bonbons, Plätzchen usw.

Jetzt kannst du die kleinen Überraschungen für das Geburtstagskind an die Kette knüpfen. Während du dem Kind die Kette umlegst, muß es fest die Augen zudrücken.

TIP:
Auch Nudelketten sehen witzig aus. Du kannst sie abwechselnd mit Holz- perlen auffädeln.

In der Geschenkpapierdruckerei

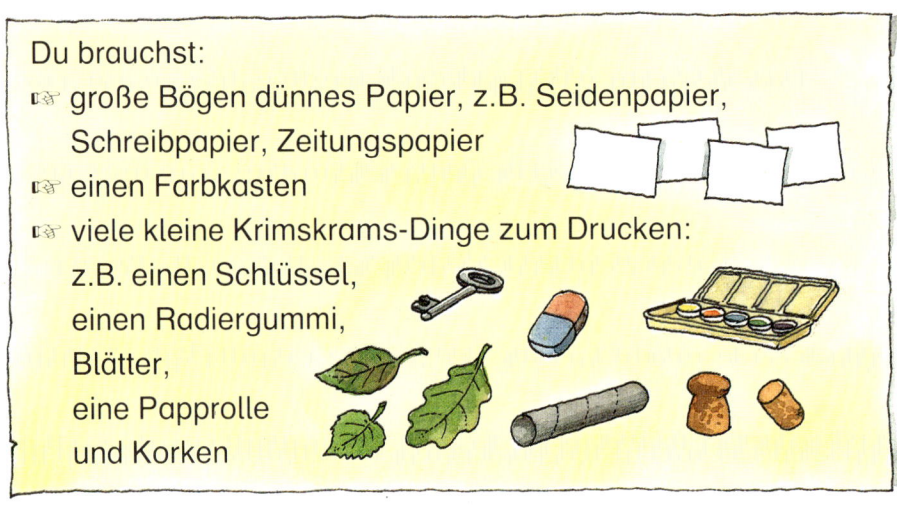

Du brauchst:

☞ große Bögen dünnes Papier, z.B. Seidenpapier,
Schreibpapier, Zeitungspapier

☞ einen Farbkasten

☞ viele kleine Krimskrams-Dinge zum Drucken:
z.B. einen Schlüssel,
einen Radiergummi,
Blätter,
eine Papprolle
und Korken

Papier auf dem Boden auslegen
und die Ecken beschweren.
Die Gegenstände aus der
Krimskrams-Kiste werden in
die Wasserfarben getaucht
und auf das Papier gedrückt.

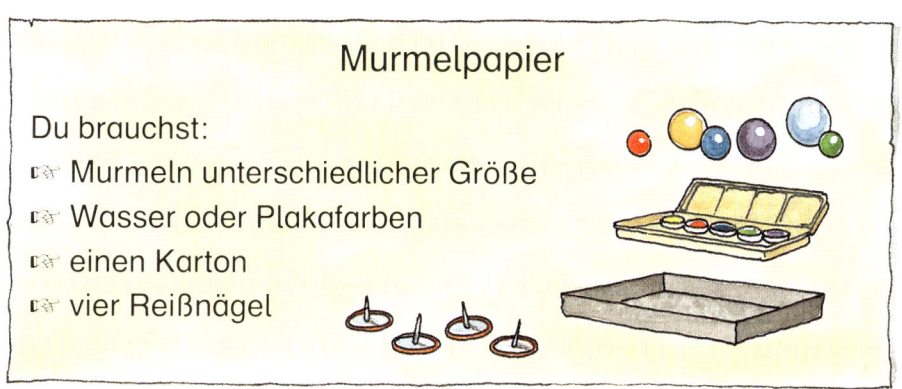

Murmelpapier

Du brauchst:

☞ Murmeln unterschiedlicher Größe
☞ Wasser oder Plakafarben
☞ einen Karton
☞ vier Reißnägel

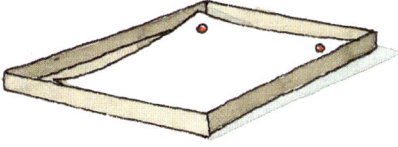

Papier auf den Kartonboden legen und an den Enden mit Reißnägeln befestigen.

Die Murmeln in verschiedene Farben tauchen und auf das Papier legen. Nun brauchst du nur noch den Karton hin und her zu schieben, und schon bekommt das Papier lustige bunte Linien und Kringel.

TIP:
Du kannst auch aus Schaumstoff ganz einfache Formen ausschneiden und damit stempeln.

Die Kullerbahn

Du brauchst:
- ☞ viele Papprollen, z.B. von Toilettenpapier und Küchenrollen
- ☞ Klebeband
- ☞ Murmeln
- ☞ ein Messer
- ☞ eine Schere
- ☞ ein flaches Schälchen

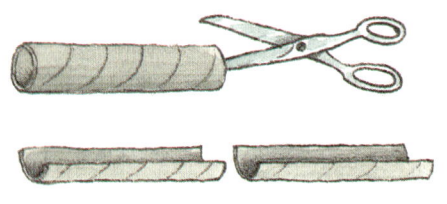

Halbiere mit der Schere ein paar Pappröhren. Mit ihnen kannst du zwei ganze Röhren verbinden.

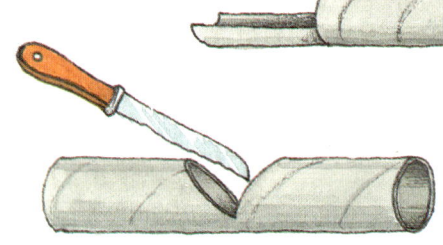

Für ein Eckelement mit dem Messer einen V-förmigen Einschnitt in eine Röhre machen. Vorsicht: Laß dir dabei von einem Erwachsenen helfen!

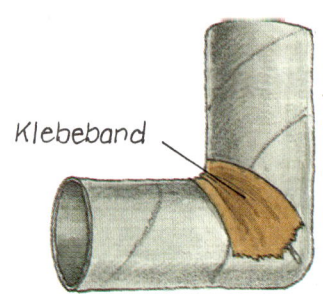

Klebeband

An dieser Stelle knickst du die Röhre um und befestigst die beiden Teile mit Klebeband.

Die Kullerbahn wird im Freien auf einer abschüssigen Wiese aufgebaut. Du kannst aber auch mit Kartons, Brettern, Tischen und Stühlen ein künstliches Gefälle im Kinderzimmer schaffen. Ans Ende der Bahn ein Auffangschälchen stellen.

Fliegende Untertassen

Frisbees, (sprich: frisbis), so heißen diese »fliegenden Untertassen«, die man häufig auf Spielplätzen oder am Strand herumflitzen sieht.
Mit Fingerfarben kannst du jeden langweiligen Pappteller in eine lustige Frisbeescheibe verwandeln.

Und so wird die Frisbeescheibe gehalten.